Rolf Schneider
Potsdam

Rolf Schneider

Potsdam

Garnison und Arkadien

Mit Fotografien von Therese Schneider

edition q im
be.bra verlag

Abbildungsnachweis
BLHA 38; bpk 36, 41; Bundesarchiv 11 (Foto: Max Baur), 12 (Max Baur), 14 oben (Gerhard Hillmer), 16 (Max Baur); DEFA-Stiftung / Klaus D. Schwarz 50 unten; Doris Antony 23; Verlagsarchiv 6, 8, 9, 10, 13, 15, 17, 20, 21, 23, 25, 29, 30, 32, 33, 35, 37, 39, 44, 45, 46, 47, 48, 49, 50 oben. Alle anderen Fotografien von Therese Schneider.

Bibliografische Information der Deutschen Nationalbibliothek
Die Deutsche Nationalbibliothek verzeichnet diese Publikation in der Deutschen Nationalbibliografie; detaillierte bibliografische Daten sind im Internet über http://dnb.d-nb.de abrufbar.

KulturBrauerei Haus 2
Schönhauser Allee 37, 10435 Berlin
post@bebraverlag.de
Lektorat: Matthias Zimmermann, Berlin
Gesamtgestaltung: Therese Schneider, Berlin
Schrift: Centennial 8,4/10,5 pt
Druck und Bindung: Dami Editorial & Printing Services
ISBN 978-3-86124-651-0

www.bebraverlag.de

Inhalt

Stadtansicht Potsdam.
Kolorierte Postkarte.
Um 1900

Die Bundesländer Berlin und Brandenburg sollten im Jahre 1995 fusionieren. Die zu diesem Behuf veranstaltete Volksabstimmung brachte das Vorhaben zu Fall: Die Mehrheit der Brandenburger erklärte sich dagegen. Somit blieb die Stadt Potsdam Sitz einer separaten Landesregierung, wie die Stadt es schon einmal gewesen war, von 1947 bis 1952, um es dann neuerlich ab 1990 zu sein.

Das Bundesland Brandenburg, das von ihr regiert wird, vereinigt innerhalb seiner Grenzen erheblich weniger an territorialer Masse als das gleichnamige Kurfürstentum nach dem Frieden von Münster und Osnabrück 1648, vielmehr entspricht es in etwa der Mark unter Albrecht dem Bären, vor siebenhundert Jahren. Der Staat Preußen, 1701 aus dem Kurfürstentum hervorgegangen, wurde durch die Konferenz der drei alliierten Siegermächte im Zweiten Weltkrieg – sie fand statt vom 17. Juli bis zum 2. August 1945 im Potsdamer Schloss Cecilienhof – als Hort und Inbegriff des deutschen Militarismus für immer ausgelöscht.

Manche Autoren erklären deswegen Preußen zum wahren Verlierer des Zweiten Weltkriegs, während etwa die Länder Bayern und Württemberg nach 1945 deutlich zugelegt hätten und dadurch gleichsam auf der Seite der heimlichen Kriegsgewinnler stünden. Daraus wird der Wunsch nach endlicher historischer Gerechtigkeit abgeleitet und eine weitgehende Exkulpierung Preußens, wenn schon nicht dessen Restitution.

Nun ist es nicht, dass man Preußens Gloria ungeniert zurückersehnte, mithin die Militarisierung des Staates und die alte aggressive Begehrlichkeit. Immer lauter ertönt freilich, angesichts der Neuen Unübersichtlichkeiten in der deutschen Demokratie samt ihren Fußangeln, Peinlichkeiten und Skandalen, angesichts von Politikverdrossenheit und diffusen Kleinbürgerängsten, der Ruf nach Gesetz und Ordnung und damit auch nach einer Wiederkehr der alten preußischen Tugenden.

Preußischer Gardekürassier. 1815

Rechts:
Stadtansicht Potsdam.
18. Jahrhundert

Gebildete Gemüter wissen, dass man solche Tugenden von ihren geschichtlichen Hintergründen nicht einfach ablösen kann. Außerdem sind Art und Umfang jener Tugenden beliebig. Genannt werden gerne: Bescheidenheit, Disziplin, Härte, Kriegstüchtigkeit, Staatstreue, Selbstlosigkeit, Pünktlichkeit, Fleiß. Die Pflichterfüllung ist fast immer erwähnt, dazu Gradlinigkeit, Gehorsam, Unbestechlichkeit, Sparsamkeit, seltener Toleranz. Ein Vorzugswort ist Dienen. Ein nie genannter Begriff ist Humor.

Manchmal wurde nach dem historischen Wahrheitsgehalt der Tugenden gefragt, und immer gelangte man zu eher ernüchternden Resultaten.

Der preußischen Sparsamkeit stehen die zahlreichen Verschwender aus dem Hause Hohenzollern gegenüber. Die Toleranz ist jedenfalls dort, wo sie für gewöhnlich festgemacht wird, also beim Großen Kurfürsten, bei Friedrich Wilhelm I. und bei Fridericus Rex, nichts als ein geschäftstüchtiges Kalkül gewesen. Bei der preußischen Unbestechlichkeit handelte es sich vielfach um ein Gerücht. Alle übrigen Begriffe zwischen Gehorsam, Mut und Dienen benennen soldatische Haltungen, wie auch das, woraus sich

die preußischen Tugenden ableiten, immer bloß der Militarismus ist. Er hat, da er den gesamten Staat durchdrang und beherrschte, eine demokratisch-zivile Gesellschaft gleichermaßen verhindert wie substituiert. Wer die preußischen Tugenden beschwört, meint Preußen insgesamt. Wer sie heute haben will, will den Militarismus zurück.

Was von Preußen bleiben wird und allein bleiben sollte, ist der Geist seines Spätbarock und Klassizismus, sind Bauten und Gärten, sind protestantische Philosophie, schöne Literatur und aufklärerisches Denken. Was von Preußen bleiben wird und bleiben sollte, sind Vernunft und Ästhetik. Potsdam zeigt von alledem sehr viel.

Die Lange Brücke besaß eine sandsteinerne Balustrade mit barocken Profilen. Oberhalb ihrer Pfeiler standen auf beiden Seiten Figuren, in regelmäßiger Reihe, und da man sich einem seit langem auch militärisch bestimmten Gemeinwesen näherte, durfte es nicht erstaunen, wenn man sah, dass sie den soldatischen Topoi der Region nachgebildet wurden: einem Grenadier aus der Zeit Friedrich Wilhelms I., einem Dragoner aus der Zeit des Großen Kurfürsten, einem Artilleristen aus der Epoche des ersten Königs Friedrich, einem friderizianischen Husar, einem Jäger, einem wilhelminischen Matrosen, einem Angehörigen des Garde du Corps.

Die Lange Brücke eröffnete den südlichen Havelübergang nach Potsdam, von der Teltower Vorstadt her. Der älteste Übergang war sie außerdem. Es gab ihn spätestens seit dem 14. Jahrhundert, als ein immer wieder erneu-

Albert von Rockler: Lange Brücke. 1883

Rechts: Figuren auf der Langen Brücke. Vor 1945

ertes Holzkonstrukt zunächst, das im Jahre 1825 endlich einem steinernen Bauwerk Platz machen durfte. Die Anlage mit den Soldatenfiguren, deren Schöpfer Ernst Herter hieß, stammte aus den Jahren 1886/88 und trug von 1901 bis 1935 den offiziellen Namen Kaiser-Wilhelm-Brücke.

Bei Kriegsende 1945 wurde sie gesprengt. Zwischen 1958 und 1961 entstand ein Neubau, der auf soldatische Figurationen völlig verzichtet und sich allen barocken Zierrats enthält: ein breites, hellgraues, gesichtsloses Ding, befähigt, den auf Potsdam zurollenden Automobilverkehr aufzunehmen und weiterzuleiten und einer sonstigen Erwähnung nicht wert.

Von der einstigen Brücke erzählen Fotografien, angegilbte Postkarten, manche zart koloriert, mit kursiven, elfenbeinfarbenen Inschriften an den Rändern. Sie gestatten Einblicke in eine Stadt, die so manchmal noch existiert, viel häufiger freilich nicht mehr. Die Bilder erzählen uns eine Herrlichkeit, der wir widerspruchslos zu glauben haben und um deren Verlust wir trauern müssen, zumal wir darin bestärkt werden durch die zahllosen eindringlichen Urteile über einen »der schönsten Festsäle der Architektur«, der dies einst gewesen sei. Das zitierte Wort stammt von Georg Hermann, dem jüdischen Berliner Romancier, der als alter Mann vor den Nazis nach Holland floh und dennoch am Ende im deutschen Vernichtungslager Auschwitz umkommen musste.

Ob er sich während seines niederländischen Aufenthalts der holländischen Zitate des von ihm noch 1929 liebevoll beschriebenen Potsdam erinnert hat? Sie fanden sich nicht allein in den Reihenhäusern des Holländischen

Viertels zu beiden Seiten der Mittelstraße, sondern außerdem zum Beispiel in einem Holländischen Lusthaus.

Eine Stadtbrache des Namens Bassinplatz existiert heute noch. Der Name verdankte sich einem einstigen Wasserbecken, das, nach der Trockenlegung des sehr sumpfigen Geländes, zur Zeit des Soldatenkönigs hier angelegt wurde. Über einen Kanal stand das Bassin in direkter Verbindung mit dem Heiligen See, und auf einer Insel in seiner Mitte errichtete Johann Boumann, der Architekt des Holländischen Viertels, im Jahre 1739 auf königliche Anordnung hin eine Gloriette.

Gloriette auf dem Bassinplatz. Fotografie. Um 1930

Rechts:
Franz Joseph Sandmann: Potsdam, Stadtschloss und Nikolaikirche.
Um 1850

Im Verlauf der folgenden anderthalb Jahrhunderte ist das Bassin allmählich verschlammt, um schließlich ganz zugeschüttet zu werden, so dass von ihm nichts als der Name verblieb. Das Lusthaus stand noch bis 1945. Es musste abgetragen werden, da an gleicher Stelle ein sowjetisches Ehrenmal zu errichten war: als hätten die beiden Einrichtungen nicht nebeneinander Platz gehabt.

Wir besitzen von der Gloriette nurmehr Aufnahmen. Sie zeigen ein anmutiges einstöckiges Gebäude auf quadratischem Grundriss, Preußenadler über den Eingängen, hohe Fenster mit weißen Sprossen und hölzernen Läden, barocke Gauben wachsen aus dem geschwungenen Dach, der Dachreiter läuft spitz aus. Das niederländische Barock war im alten Potsdam eine Art architektonisches Grundmuster, so wie die Chinoiserien, die künstlichen Ruinen und Grotten oder, später, die Fassaden im backsteingotischen oder im Tudorstil. Das Holländische Ensemble im Neuen Garten, 1790 geschaffen, bildete eine Art aristokratische Antwort auf das bürgerliche Viertel des Johann

Boumann. Der alte Stadtkanal muss die Ähnlichkeiten mit Amsterdam oder Leyden geradezu zwingend gemacht haben.

Das Stadtschloss und das Barberini-Palais konstituierten zusammen mit dem alten Rathaus und der Nikolaikirche den Alten Markt, der ein stadtarchitektonischer Raum von außerordentlicher Schönheit gewesen sein muss: »ganz unkriegerisch Rokokowelt«, wie der Journalist Ludwig Sternaux in expressionistischem Überschwang rühmte, »Welt zum Lustwandeln, von Vergangenheitsodem überhauchter Gefühlsbezirk«.

Das Schloss erhielt seine endgültige Gestalt durch König Friedrichs II. Freund und Architekten Wenzeslaus von Knobelsdorff. Die Flügel umschlossen einen fast quadratischen Innenraum. Das vorgewölbte Halbrund des bereits durch Jean de Bodt errichteten Portals wurde von einer

Ruine Stadtschloss. 1959

Fortunaportal. Turmspitze

Rechts:
Jean de Bodt: Aufriss Fortunaportal. Um 1770

Kuppel überwölbt, auf deren hochgezogener Spitze leichtfüßig die Figur der Fortuna stand. Sie begriff sich wohl auch als eine Antwort auf die kupfergoldene Statue des Atlas, über der Kuppel des im palladianischen Stile errichteten Alten Rathauses.

Das Stadtschloss war im Zweiten Weltkrieg schwer beschädigt worden, so wie sein Berliner Geschwister, und ähnlich diesem wurde die durchaus noch reparable Ruine von Walter Ulbrichts Arbeiter- und Bauernherrschaft abgetragen, um Platz zu schaffen für eine der ödesten Brachen aller ostdeutschen Innenstädte. Die vor der Sprengung noch sichergestellten Steinfiguren haben später jahrelang auf einer Freifläche vor sich hingefault.

Der wiederhergerichtete Marstall wirkte zu alledem wie eine Entschuldigung. Die Kolonnaden, die ihn einst mit dem Schlosskomplex verbanden, sind noch in ein paar melancholischen Resten vorhanden. Das Schloss selbst soll nun wieder errichtet werden, als künftiger Sitz des brandenburgischen Parlaments; das Vorhaben, lange umstritten, verdankt sich einer bürgerschaftlichen Initiative, die das Fortunaportal bereits wieder hat aufstellen können.

Ähnliche Bemühungen gelten der Garnisonkirche. Sie war einer von drei durch Soldatenkönig Friedrich Wilhelm in Auftrag gegebenen Sakralbauten, St. Nikolai und Heiligengeist hießen die beiden anderen. Heiligengeist besaß einen ähnlich hohen Barockturm wie die Garnisonkirche, mit der zusammen sie dann das Schicksal teilte, im Krieg schwer beschädigt und von der DDR endgültig geschleift zu werden. Nur die von Georg Christian Unger erbauten Predigerhäuser überlebten. Die Türme der Heiligengeist- und der Garnisonkirche markierten einmal die Potsdamer Stadtsilhouette.

Heiligengeist stammte von den Baumeistern de Gayette und Grael. Die Garnisonkirche war das Werk von Philipp Gerlach, dem Hofbaumeister des Soldatenkönigs. Die Breite Straße, die vom Tor bis hin zur Kirche führte, war eine kunstvolle architektonische Anlage von großer Anmut. Das Glockenspiel des Holländers Jan Albert de Grave ließ achtmal jede Stunde berühmte Melodien erklingen, darunter das Mozartmotiv »Üb immer Treu und Redlichkeit« und den Choral »Lobet den Herrn«. Als der Gerlachbau 1732 eingeweiht wurde, befahl Friedrich Wilhelm nach jeder Strophe des gesungenen Chorals das Abfeuern einer Kanone. Für Preußens Militär und Militarismus blieb er fortan das hoch aufragende Symbol.

Garnisonkirche. Fotografie. Um 1930

Rechts:
Titelseite des Edikts von Potsdam. 1685

Johann Christof Merk: Langer Kerl. Gemälde. 1718/19

In der Gruft standen nebeneinander, zwei Schritte leeren Raums zwischen sich, die Sarkophage von König Friedrich II. und seinem Vater. Die Namen der zu feierlichem Anlass erschienenen Besucher dieses Ortes nannten früher die Potsdamer Hagiografen: Königin Luise, Zar Alexander, Napoleon, Hindenburg, Hitler.

Von alldem war nach dem letzten Krieg noch die Kanzel vorhanden, ein leer aufragendes Ungetüm, zerborstene Säulen, darüber ein grotesker Baldachin, dessen ornamentale Einzelheiten verkohlter Schutt waren. Der Eingang zur Gruft, genau darunter, bildete eine dunkle Öffnung, einem weit aufgerissenen Mund ähnlich: leere Grimasse der Drohung und der Trauer.

Bürgerlichkeit

Jahrelang wäre niemand auf den Gedanken kommen, mit dem Städtenamen Potsdam den Begriff Bürgerlichkeit zu verweben. Viel zu sehr schien dieser Ort durchtränkt von den Hinterlassenschaften des friderizianischen Schneids und des preußischen Militärs, der Hohenzollernrepräsentation, der Beamtenarroganz und des Elitegebarens im hochberühmten Infanterieregiment Nummer neun, nicht zu reden von der pseudoproletarischen Tristesse der DDR. Nun wäre dies alles nicht möglich gewesen oder möglich geblieben ohne die Existenz einer produktiven Sozialschicht, die hier wie anderswo ab dem 18. Jahrhundert mehr und mehr eine bürgerliche war.

Als ein Gründungsdatum ist das Jahr 1685 anzusehen. Der Große Kurfürst Friedrich Wilhelm erließ sein berühmtes Toleranzedikt, das übrigens nicht so sehr eine Urkunde für die geistige, vielmehr eine solche für die ökonomische Liberalität war, wiewohl sich das eine aus dem anderen dann irgendwie ergab.

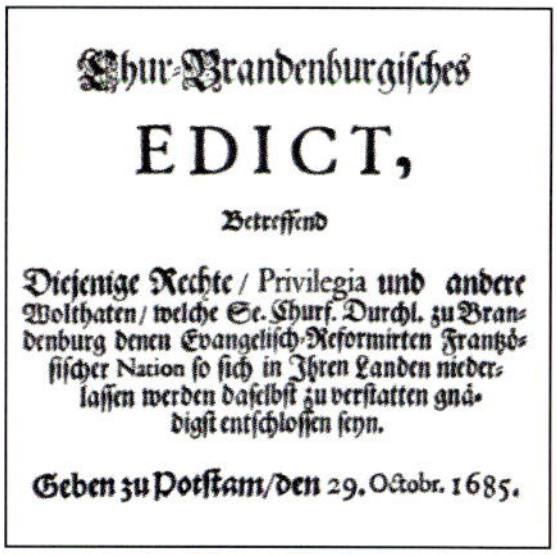
Chur-Brandenburgisches

EDICT,

Betreffend

Diejenige Rechte / Privilegia und andere Wolthaten / welche Se. Churf. Durchl. zu Brandenburg denen Evangelisch-Reformirten Frantzösischer Nation so sich in Ihren Landen niederlassen werden daselbst zu verstatten gnädigst entschlossen seyn.

Geben zu Potstam / den 29. Octobr. 1685.

Mit den französischen Calvinisten erschienen die zu jener Zeit erfahrensten Praktiker einer manufakturellen Produktwirtschaft im Land. Fast einhundert Jahre lang ging der Zustrom von Glaubensflüchtlingen ununterbrochen fort. Am Potsdamer Ortsrand entstand eine eigene Siedlung von Protestanten aus dem Böhmischen, Nova ves, slawisch für Neuendorf, und das bevorzugte Handwerk hier wurde die Weberei. Soldatenkönig Friedrich Wilhelm I. hatte nicht nur den militaristischen Blödsinn der Langen Kerls zu verantworten, er war auch ein ebenso energischer wie verdienstvoller Verfechter des Merkantilismus. Da es in seiner Familie verschiedene dynastische Verbindungen zum Herrscherhaus Oranien gab und die Niederlande zu jener Zeit ein weiteres Kernland der bürgerlichen Tüchtigkeit stellten, lockte er 1732 zahlreiche Handwerker aus Holland in die Havelstadt.

Der Architekt Bouman errichtete für sie jene 134 Bürgerhäuser aus rotem Backstein, die seither als ein Herz- und Prunkstück der barocken Stadterweiterungen Potsdams gelten und außerhalb der Landschaften des Niederrheins in Europa ihresgleichen nicht haben. Von den Erstbewohnern wurden sie freilich bloß vorübergehend genutzt. Die meisten zogen schon bald wieder fort und überließen ihre Behausung allerlei anderen bürgerlichen

Jan-Bouman-Haus: Giebel; Fenster; Eingangsbereich (rechts oben); Blick zum Bassinplatz (rechts unten)

Einwanderern, solchen aus den Dörfern der Mark wie solchen aus Frankreich, aus Böhmen und aus der Schweiz. Auch einige der berühmten friderizianischen Architekten lebten hier, Unger und Gontard, wie überhaupt das Quartier frühzeitig eine Anziehungskraft auf Künstler ausübte, was so geblieben ist bis in die unmittelbare Gegenwart.

Der Raum des bürgerlichen Potsdam im 18. und frühen 19. Jahrhundert war die durch die drei heute noch erhaltenen Stadttore abgesteckte Region. Hauptaveniden wurden die Brandenburger und die Nauener Straße, wobei letztere inzwischen nach Friedrich Ebert heißt. Inmitten dieses Viertels, an der kleinen Jägerstraße, befand sich auch ein erstes Gemeindehaus mit Betstube für die Potsdamer Israeliten.

Sie waren die frühesten Glaubensflüchtlinge gewesen, die der Große Kurfürst ins Brandenburgische holte: 1671, da die Habsburger in Wien, wieder einmal, ihre Juden verjagten. Die Anweisung an die brandenburgische Gesandtschaft in Österreich lautete ausdrücklich, ein Angebot zur Immigration, verbunden mit der Aussicht auf einen kurfürstlichen Schutzbrief, nur an wohlhabende Hebräer zu machen. Es war absolutistischer Geschäftssinn, was hinter der Offerte des Kurfürsten stand, nicht Humanität, und er verhielt sich damit ebenso wie im Falle seines Toleranzediktes zugunsten der Hugenotten.

Ein erster Potsdamer Jude wird ums Jahr 1690 erwähnt. Mehr als eine Generation später lebten in der Stadt ein paar vergleichsweise wohlhabende Israeliten, Inhaber von Textilmanufakturen. Die Potsdamer Juden waren gläubige Leute. Seit 1760 gab es für sie auch ein geistliches Oberhaupt. Der erste Rabbiner war aus Polen hierhergekommen und hieß Jechiel Michel. Offenbar war er ein ausgezeichneter Mann.

1766 wurde mit dem Bau einer ersten Synagoge begonnen. Hier bürgte dann nicht etwa, wie es eine beharrliche Legende wissen will, Fridericus Rex für die zum Aufbau des Tempels notwendigen Gelder, vielmehr erfolgte dies durch zwei ehrbare christliche Kaufleute aus der Stadt. Dafür wurden die Potsdamer Juden verpflichtet, von Friedrichs Berliner Porzellanmanufaktur, die sich in ständigen Absatznöten befand, ein bestimmtes Kontingent von Waren zu erwerben. Die Sache misslang freilich. Die meisten Potsdamer Juden waren zu arm.

Der Geist bürgerlicher Großzügigkeit und Toleranz wurde in Potsdam außerdem durch einen französischen Advokaten und Literaten verkörpert, François Marie Arouet, der das Pseudonym Sieur de Voltaire führte.

Der berühmteste Dichter seines Zeitalters, zugleich ein Geizhals von Graden und einer der reichsten Männer in Frankreich, hatte sich durch den preußischen König Friedrich, mit dem er seit längerem korrespondierte, zu einem Aufenthalt in Preußen überreden lassen. Er wollte dadurch zugleich seinen eigenen König ärgern, Louis XV, durch den er sich nicht ausreichend gewürdigt wähnte. Voltaire nahm seine Wohnung im Potsdamer Stadtschloss, verfügte über eine eigene Equipage und bezog eine Rente von 5.000 Talern.

Anonym: Voltaire. Radierung. 1843

Rechts:
Wilhelm Hensel: Karl Friedrich Schinkel. Zeichnung. 1824

Die anfängliche Harmonie wurde bald brüchig, und der Blick des bürgerlichen Skeptikers wurde schärfer. »Es ist wahr, dass Potsdam von Schnurrbärten und Grenadiermützen bewohnt ist; aber Gott sei Dank, ich sehe sie gar nicht. Ich arbeite friedlich bei Trommelwirbel. Ich habe mich von den Diners des Königs zurückgezogen; es gibt da zu viele Generale und Fürsten. Ich konnte mich nicht daran gewöhnen, immer in zeremonieller Haltung einem König gegenüber zu sitzen und Gespräche vor aller Öffentlichkeit zu führen.«

Voltaire ist von den berühmten Dichtern, die Potsdam beherbergt hat, gleichsam am absichtsvollsten und gründlichsten hier gewesen, während das den übrigen eher nebenher unterlief. Heinrich von Kleist hat in Potsdam eine Erziehungsanstalt besucht. Er war kein bürgerlicher Mensch, weder der Herkunft noch dem Selbstverständnis nach, allenfalls ein verbürgerlichter Aristokrat, darin durchaus eine zeittypische Existenz.

Friedrich Wilhelm II., der fette Kerl mit den vielen Weibern, überließ seiner Wilhelmine, der Trompetertochter, in Potsdam ein Palais, nachdem er sie zur Gräfin Lichtenau gemacht hatte. Umgekehrt benahmen sich die meisten Hohenzollern, wenn sie sich in Potsdam umtaten, eher kommun und fast ein wenig bürgerlich, ausweislich etwa der Architekturen, die sie der kleinen Stadt vermachten. Das begann spätestens bei Fridericus. Sanssouci ist kein barocker Prunkbau, es ist nicht einmal unterkellert, dafür zeugt es, mit den Interieurs aus der Werkstatt der Hoppenhaupts, vor allem für den Potsdamer Handwerkerfleiß.

Kein Hohenzollernpalais indessen atmet so viel bürgerlichen Geist wie das den italienischen Villen nachempfundene Charlottenhof.

Sein Architekt war das Genie des preußischen Klassizismus, Karl Friedrich Schinkel. Er hat in Potsdam auch seinen überhaupt allerersten Bau errichtet, als Neunzehnjähriger, auf dem Pfingstberg, einen Pomona-Tempel, und seinen anderen großen sakralen Zentralbau neben dem Berliner Dom entwarf er wiederum für Potsdam. Die Nikolaikirche ist eine Bürgerkirche, im Unterschied zu dem Berliner Geschwister, das dann gleich wieder eingerissen werden sollte, um dem überaus pompösen Gemäuer von Julius Raschendorff Platz zu schaffen.

„Die Havel, um es noch einmal zu sagen, ist ein aparter Fluss«, vermerkt Theodor Fontane in seinen Potsdamer Notizen. Im Folgenden treten entschieden mehr Bürgerliche auf als bei seinen Wanderungen durch die Mark Brandenburg sonst, wo es ihm, dem preußischen Adelsnarren, eben immer nur um die zahllosen Junker- und Generalsfamilien zu tun ist. Hier aber wird etwa ein

Schwanenmeister vorgestellt, der die zweitausend weißen Vögel der Potsdamer Gewässer betreut und gelegentlich einfängt, damit man sie rupfen kann, oder die Frau Friedrich, Gemahlin eines ehemaligen Bühnenmeisters und späteren Maschinisten, der das Wasserwerk auf der Pfaueninsel betreibt. »Gute, glückliche Leute, loyal und frei. Frei. Da liegt‘s.«

Da liegt‘s. Bornstedt war zu Fontanes Zeit noch eine selbständige Gemeinde, aber schon damals galt der Bornstädter Friedhof den Potsdamern als ein hochgerühmtes Gelände, wegen der vielen Gräber von Prominenten aus ihrer Stadt. Der große Gartenarchitekt Peter Joseph Lenné wurde da beigesetzt und ebenso der eitle, zänkische Hofnarr Friedrich Wilhelms I., Jakob Paul Gundling, der sich als Literat begriff und seine inneren Konflikte im Alkohol ersäufte. Der Soldatenkönig hatte ihn in der Nachfolge von Gottfried Wilhelm Leibniz zum Präsidenten der preußischen Akademie der Wissenschaften gemacht. Als er dann tot war, setzte man ihn in einem Weinfass statt einem Sarge bei. Vielen gilt er als ein Ahnherr und Prototyp des bürgerlichen deutschen Intellektuellen.

Irgendwann zur Mitte des 19. Jahrhunderts welkte in Potsdam die Bürgerlichkeit dann allmählich dahin, indes der Geist der preußischen Garnison immer mächtiger wurde. Anlässlich der Revolution von 1848 wurde bereits behauptet: »Berlin rebelliert. Potsdam pariert.« Dieses Urteil ist ungerecht. Zwar, in der Residenzstadt an der Havel mit ihren vielen Beamten und Militärs kam es nicht zu derart ausschweifenden Ereignissen wie in der aufmüpfigen Metropole mit ihren Märzgefallenen und der

Rechts:
Gedenktafel für Maximilian Dortu.

revolutionär erzwungenen Ehrbezeugung des Königs vor deren Särgen.

Immerhin gab es aber Maximilian Dortu, Sohn eines Potsdamer Justizkommissars, der die aufgebrachten Bürger und Arbeiter zumal des Arme-Leute-Dorfes Nowawes anführte, als sie die Anlagen der Eisenbahn Potsdam–Berlin demolieren wollten, zum Zeichen ihrer Empörung. Dortu floh nach Paris, noch später nach Baden, wo er schließlich von preußischen Truppen gefasst, vor ein Standgericht gestellt und hingerichtet wurde. In der Potsdamer Innenstadt heißt heute nach ihm eine Straße.

Bürgerlichkeit in Potsdam. Der politische Flüchtling Theodor Strom ließ sich für eine Weile hier nieder, übrigens im Holländischen Viertel, und der letzte der großen Potsdamer Architekten, Ludwig Persius, hat noch ein paar bemerkenswerte Bauten hingestellt, außer der Sacrower Kirche für Friedrich Wilhelm IV. das Pumpenhaus für die Fontänen von Sanssouci, entworfen im Stile einer maurischen Moschee, als eine höchst aparte Hülle für die Wassertechnik des Industriellen August Borsig.

Es war nicht mehr so einfach, unterm Schatten der Hohenzollern ein bekennender Bürger zu bleiben, in Potsdam viel weniger als im geräumigeren Berlin. Am besten gelang es noch den Potsdamer Juden, was nicht so sehr durch ihre Standhaftigkeit bedingt wurde als durch die gesellschaftlichen Schranken, an die sie stießen. Jüdisches Vermögen hatte es in Potsdam schon zu Zeiten der Schutzbriefe gegeben. David Hirsch und Isaak Wolf waren wohlhabende Textilfabrikanten, ebenso wie Isaak Joel, der seine Seidentapeten im Schloss Glienicke weben

ließ, das ihm gehörte, lange vor Ferdinand von Arnims prächtigem Umbau. In den napoleonischen Kriegen erwiesen sich die Potsdamer Juden als brave deutsche Patrioten. Kultisches Silbergerät wurde zum Einschmelzen geschickt. Man entrichtete so seine Abgaben für Preußens Armeen. Der Potsdamer Jude Markus Liebmann starb als Freiheitskämpfer.

Fast hat es den Anschein, dass der preußische Hof durch solche Zeichen vaterländischer Gesinnung zu beeindrucken war. Am 11. März 1812 erließ Friedrich Wilhelm III. auf Betreiben seines Staatskanzlers Karl August Freiherr von Hardenberg jenes Edikt, das den Juden in Preußen volle staatsbürgerliche Rechte gab.

Es erfolgte im Potsdam des 19. Jahrhunderts bald eine förmliche Explosion jüdischer Gelehrsamkeit, durch den Mathematiker Carl Gustav Jacob Jacobi, durch den

Ludwig Persius: Dampfmaschinenhaus. Erbaut 1841/43

Rechts: Weltbühne 11/1929

Albert Einstein. Fotografie. 1921

Mediziner Magnus Hirschfeld, durch den Literaturwissenschaftler Eduard Engel, und ab der Jahrhundertmitte zeigt der kleine Potsdamer Judenfriedhof am Pfingstberg, gleich hinter der bizarren Russensiedlung Alexandrowka, seinen deutlichen Wechsel der Gedenksteine, von den traditionellen Stelen mit hebräischen Zeichen hin zu den ausladenden Erbbegräbnissen der Justiz- und Geheimräte, die gotische oder lateinische Lettern tragen.

Die Weltbühne
Der Schaubühne XXV. Jahr
Wochenschrift für Politik · Kunst · Wirtschaft
Begründet von Siegfried Jacobsohn
Unter Mitarbeit von Kurt Tucholsky
geleitet von Carl v. Ossietzky
Inhalt:
Erscheint jeden Dienstag
XXV. Jahrgang
Nummer 11
Verlag der Weltbühne
Charlottenburg · Kantstrasse 152

Das Potsdam nach dem Ersten Weltkrieg hätte von verbitterten Beamten und dechargierten Offizieren nur so wimmeln müssen, doch erstaunlicherweise scheint dergleichen nirgends den Umriss einer konservativen Revolte angenommen zu haben. Dafür regte sich auf einmal wieder der schon so völlig verschüttete republikanische Bürgergeist.

Im Holländischen Viertel unterhielt das radikalste Presseorgan der damaligen deutschen Demokratie, Siegfried Jacobsohns und Carl von Ossietzkys »Weltbühne«, ein Büro. Die prominenten Mitarbeiter der roten Heftchen, voran Kurt Tucholsky, hielten sich immer wieder gerne dort auf. Dann saß noch einer der avantgardistischen Buchverlage jener Jahre in Potsdam, der von Gustav Kiepenheuer, dessen Autor zum Beispiel Joseph Roth war, und einer seiner wichtigen Scouts und Lektoren wurde der aus Nürnberg stammende Literat Hermann Kesten.

Im nahen Caputh, dem reizenden Dörfchen, ließ sich der Nobelpreisträger Albert Einstein ein Sommerhaus errichten, durch den Architekten Konrad Wachsmann, der hierbei als einer der ersten in Deutschland das amerikanische Verfahren eines Bauens mit vorgefertigten Teilen in

Anwendung brachte. Er sah darin eine natürliche Ergänzung von Ideen des Dessauer Bauhauses.

Einsteins Beziehung zu Potsdam wurde außerdem durch die praktischen Experimente zu seiner Allgemeinen Relativitätstheorie hergestellt. Eigens für sie errichtete der Architekt Erich Mendelsohn 1920 einen zwanzig Meter hohen Turm auf dem Potsdamer Telegraphenberg, ein überaus eindrucksvolles, ein aufregend avantgardistisches Bauwerk inmitten dieser ästhetisch sonst so konservativen Stadt.

Erich Mendelsohn: Einsteinturm. Erbaut 1919/22

Rechts: Jüdischer Friedhof Potsdam

Ab 1933 endete das. Das Hitlerregime zelebrierte in Potsdam seinen symbolträchtigen Einstand. Die neue Synagoge, sie stand am Wilhelmplatz und hatte das Baujahr 1909, wurde 1938 geschändet und 1945 zerschossen. Eine weitere Zerstörung der alten Verhältnisse vollzog sich infolge jenes alliierten Abkommens, das wiederum den Namen Potsdam trug. Die neue Ordnung begriff sich als antifeudal und antibürgerlich und schleifte weiter die noch vorhandenen Potsdamer Architekturen, aus ideologischem Vorsatz oder einfach aus Desinteresse und Schlamperei.

Geradezu paradigmatisch für die Denkmalpflege im deutschen Arbeiter- und Bauernstaat wurde der Umgang mit dem Holländischen Viertel. Das verrottete und zerfiel immer mehr, bis man auf den Einfall kam, ein paar Vorzeigehäuser zu restaurieren und den Rest der Abrissbirne zu überantworten. Zum Glück bewirkte dieser Plan einen so gewaltigen öffentlichen Protest, dass man innehielt. Bald darauf brach die DDR zusammen.

Das Holländische Viertel wurde vorübergehend ein Spekulationsobjekt. Restaurierungen begannen und sind heute weitgehend abgeschlossen. Blanke Messingschilder von Rechtsanwälten, Steuerberatern und Fachärzten blinken von den Fassaden, es gibt Boutiquen und Edelrestaurants und ein eigenes kleines Museum zur Geschichte dieses Quartiers im Jan-Bouman-Haus.

Ähnliche Veränderungen gab es bei vielen der bürgerlichen Villen. Das große Geld, das nach 1990 in die Stadt schoss, hatte nicht in jedem Fall Ästhetik zur Folge, und der Bürgergeschmack war nicht bloß im Zeichen von Erich Honeckers Realsozialismus verludert, sondern auch unter den politisch völlig andersgearteten Umständen des nahen Westberliner Zehlendorf und Dahlem.

Potsdamer Bürgerlichkeit zeigt sich heute bevorzugt in der Berliner Vorstadt. Die Villen und Mietpaläste dort sind sorgsam restauriert. Die Bewohner sind meist Zugezogene aus den alten Bundesländern. Noch andere siedeln exklusiv am Heiligen See und konstituieren eine kleine, feine Elite, die natürlich bourgeois ist, also bürgerlich.

Poztupimi

Die erste Erwähnung Potsdams datiert auf den 3. Juli 993 und findet sich in einer Schenkungsurkunde, ausgefertigt von Kaiser Otto III., der damals ein dreizehnjähriges Kind war. Er sah sich zunächst unter die Fuchtel seiner byzantinischen Mutter Theophano gestellt und später, ab 991, unter jene seiner Großmutter Adelheid. Von der Schenkung begünstigt wurde eine seiner Tanten, Mathilde, Äbtissin in Quedlinburg. Weder sie noch der Kaiser kannten den Ort an der Havel aus eigener Anschauung. Sie würden ihn auch später nicht besuchen.

Die Ottonen kamen aus sächsischem Fürstenhaus. Das östliche Mitteleuropa war eine ihrer traditionellen Interessensphären, Magdeburg ein Mittelpunkt ihrer Regentschaft. Die Territorien der nachmaligen Mark Brandenburg mit ihrer überwiegend slawischen Bevölkerung wurden für die im Hochmittelalter erfolgende deutsche Ostkolonisation Durchzugsgebiet so gut wie Manövriermasse. Das vom kindlichen Kaiser Otto 993 verschenkte Poztupimi im Gebiete der wendischen Heveller hatte eine Burg, die eben dort stand (und auch der Name Burgstraße machte darauf aufmerksam), wo später die Heiligengeistkirche stand, als eine militärische Kontrollstation für den Wasserverkehr auf den Flüssen Havel und Nuthe.

Schenkungsurkunde Poztupimi. 993

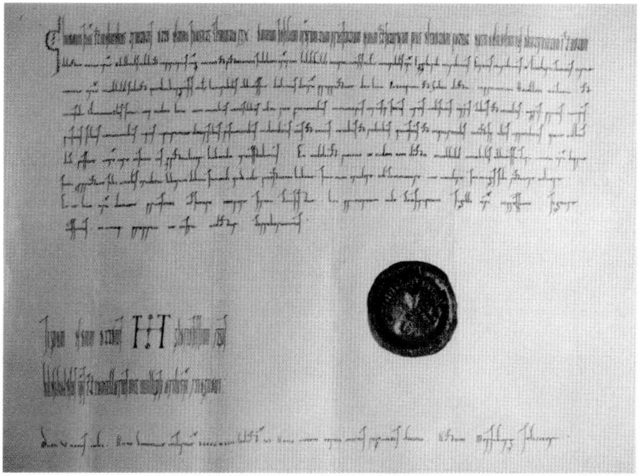

Endgültig zum deutschen Besitztum wurde mitsamt allem Brandenburg auch Potsdam erst im 12. Jahrhundert, durch die Besiedlung von westfälischen Kolonisten. Der Vorgang vollzog sich zeitgleich und völlig entsprechend der Germanisierung des unmittelbar nördlich gelegenen Mecklenburg, und was dort Welfenherzog Heinrich der Löwe leistete, geschah an Spree und Havel durch den Askanier Albrecht, genannt der Bär.

Wichtigster zivilisatorischer Vorteil der deutschen Kolonisten war die Institution der Stadt. Die Wenden kannten dergleichen nicht. Die Stadt bot einen autonomen Raum für Recht und Kommerz, für Handel und Handwerk, sie hatte ihre eigene Gesetzlichkeit und Freiheit. Am deutlichsten geschah dies in den freien Städten, von denen sich manche dann zum supranationalen Bündnis der Hanse zusammenschlossen. Deren Einfluss reichte vielfach ins Brandenburgische hinein.

Potsdam wurde Stadt ums Jahr 1317. Sehr groß und eindrucksvoll kann sie nicht gewesen sein, aber welche der anderen märkischen Städte war das schon? Man rechnet mit anderthalbtausend Einwohnern, im Höchstfalle, alles kleine Handwerker und Ackerbürger, der große Reichtum mittelalterlicher Städte kam aus dem Fernhandel, den es in Potsdam nicht gab.

Die Askanier bauten auf den Gründen der slawischen Burg eine neue Befestigung. Der Ort blieb Zankapfel bei den Beutezügen und Fehden der märkischen Adelssippen. Die, was allein ihre Namen auswiesen, waren überwiegend von altwendischem Herkommen, wie die Quitzow, Rochow und Zitzewitz, und benahmen sich nicht anders als der heruntergekommene Kleinadel anderswo im Land: als Wegelagerer, Raubritter und Schlagetote.

Die Askanier wurden abgelöst durch Wittelsbacher und Luxemburger, schließlich durch Hohenzollern. Residenz war Berlin. Potsdam blieb ein elender Flecken, wie Beelitz oder Treuenbritzen, »von mäßiger Ausdehnung mit hässlichen Häusern, meist aus Lehm«, so 1561 der Reisende Fulgentius Ruggieri aus Bologna, und war zu erreichen »über niedrige Hügel meist unkultivierter Heide und sumpfiges Gelände, wo die Pferde oft bis an den Bauch versanken«. Der Italiener resümiert: »Die Mark ist überall sandig und deshalb wenig fruchtbar und meist ganz flach, mit nur wenigen niedrigen Hügeln inmitten unabsehbarer Niederungen mit vielen Gewässern, die sehr fischreich sind.« Es folgt noch ein geradezu paradigmatischer Satz:

Siegel Albrechts des Bären. 12. Jahrhundert

»In der Mark gibt es hässliche Frauen und viele Gänse, die fliegen können.«

Genau hundert Jahre später verzeichnete der Ulmer Topograf und Matthäus-Merian-Mitarbeiter Martin Zeiller von den mehr als fünfzig überlieferten und teilweise krass unterschiedlichen Schreibungen des Stadtnamens gleich drei: Potstamb, Postain, Potzten. Was er übrigens bedeuten soll, bleibt bis heute umstritten, die Erklärungen reichen von Pozdupimi = Unter den Eichen, so Berlins Aufklärer Friedrich Nicolai, bis zur Ableitung von einem Personennamen, Podstub, angeblich erster Burgherr der Siedlung.

Zeiller notiert noch: »Alhie ist ein Churfürstlich Hauß und Ampt.« Am 7. Mai 1631, so der Topograf, habe die Schwedische Armee im Potztambischen ein Lager gehabt. Damit finden auch die eben überstandenen Verheerungen des Dreißigjährigen Krieges ihre Erwähnung, da die Stadt fast unterging: 1631 war das Jahr des »Potsdamer Sterbens« gewesen, 18 Geburten auf 471 Todesfälle, verursacht durch Hunger, Brandschatzung und Pestilenz.

Bei Regierungsantritt des Kurfürsten Friedrich Wilhelm, der später zuweilen den Beinamen eines Großen erhielt, lebten von den einst zweitausend Einwohnern Potsdams eben noch achthundert, man befand sich in der Endphase des Dreißigjährigen Krieges. Die Stadt war verpfändet, an einen habgierigen Adeligen namens Hacke. Mitsamt seiner Familie hockte er im Schloss, das, anstelle der mehrfach umgebauten Burg, unter der Gemahlin des Kurfürsten Joachim Friedrich erstmals Gestalt und Ausmaße eines repräsentativen Herrschaftssitzes anzu-

F. Conrad Krüger: Kurfürst Friedrich Wilhelm (der »Große Kurfürst«). 1773. Stich

Rechts:
Anonym: Empfang der Salzburger Exulanten. 1731. Stich

Preußische Grenadiere um 1715. Lithografie

nehmen begonnen hatte, mit einer Kunstsammlung und einem Lustgarten.

Der Kurfürst ließ die vergleichsweise kümmerliche Schlossanlage in Potsdam schleifen. Die Hackes hatte er zuvor daraus entfernen können. Friedrich Wilhelm ließ sich eine größere und prächtigere Anlage errichten, durch seine Baumeister Johann Gregor Memhard, Philip de Chièze und, vor allem, den bedeutenden Johann Arnold Nering. Er verlegte seine Residenz nach Potsdam. Es war in die europäische Mode gekommen, die bisherige Hauptstadt zu fliehen, um stattdessen einen nahe gelegenen Ort überschaubaren Zuschnitts zu küren und sich herzurichten ganz nach dem eigenen Geschmack.

Auch der märkische Kurfürst eiferte dem nach, wiewohl er doch mit Frankreich vielfache politische Konflikte austrug, bis hin zum Krieg. Als listiger Affront gegen Frankreich verstand sich, unter anderem, jener Erlass von 1685, mit welchem den vom Sonnenkönig verjagten Hugenotten Zutritt gewährt wurde zum Brandenburgischen und das ganz richtig den offiziellen Namen Edikt von Potsdam erhielt, in höhnischer Analogie zu Henri Quatres Toleranzpatent von Nantes aus dem Jahre 1598.

Der Sohn Friedrich Wilhelms war jener eitle Fürst, den die Berliner den »schiefen Fritz« nannten, denn er war verwachsen. Seine etwas anfechtbare politische Leistung bestand darin, sich aus eigener Vollkommenheit zum König gekrönt zu haben. Seinem Vorgänger durfte er noch als Kind bestätigen: »Mein Herr Vatter hat Potsdam sehr lieb. Es ist auch ein lüstiger ohrt …« Er selber residierte lieber in Berlin, Potsdam blieb für ihn das Ziel gelegentlicher sommerlicher Ausflüge und das dortige Schloss bloß eines von vielen im Land.

Anders sein Sohn, der seine Amtsgeschäfte dann überwiegend wieder von Potsdam aus betrieb. Friedrich Wilhelm I. hat für die Stadt fast so viel geleistet wie später Friedrich, sein Ältester. Die drei barocken Kirchen wurden gebaut, das Militärwaisenhaus und die Schulgebäude in der Nauener Straße. Der König holte die Holländer ins Land und errichtete ihnen das bekannte Quartier, und ebenso wie die Tuchmanufakturen förderte er den Pietismus seines Untertanen August Hermann Francke.

Den Lustgarten des großväterlichen Potsdamer Schlosses ließ er zu einem Exerzierplatz planieren. Auch die restliche Stadt wurde unter ihm zu einer *alma mater militaris*: Er holte sich Soldaten von überall her, wo seine Werber erfolgreich unterwegs waren, und das ging so bis hin nach Portugal. Er ließ die Männer drillen, dass sie solcher Quälerei zu entfliehen trachteten, woran die Wälle und Palisaden der Potsdamer Stadtbefestigung sie aber hinderten. Wer gleichwohl die Flucht probierte und gefasst wurde, musste Spießruten laufen, wurde gerädert oder aufs Schafott gebracht, geleitet von einem Geistlichen, der hernach zwölf Flaschen königlichen Weins als Honorar erhielt.

Der König war ein schwerer Choleriker mit fast pathologischen Neigungen zum Spartanismus. Er verhielt sich zugleich rechthaberisch und tolerant, war durchaus gebildet und besaß einiges Talent im Zeichnen. Er frönte besessen dem Militärtick, Potsdam ist seither Garnison, aber er hat niemals Krieg geführt und warnte selbst seinen Nachfolger, dergleichen zu tun. Sein immer mehr anwachsendes Heer beschäftigte Tuchweber, für die Uniformen, und wallonische Mechaniker, für die Gewehre.

Dies alles geschah zum höheren Nutzen des preußischen und zumal des Potsdamer Merkantilismus. Unter Friedrich Wilhelms Herrschaft wuchs die Stadt auf das Fünffache ihres einstigen Umfangs. Viele der zuletzt 1163 Häuser wurden für die Familien der hier stationierten Soldaten gebaut.

Er selbst ließ sich für Zwecke der Entspannung zwischen 1730 und 1732 das Schloss Stern errichten, ein bescheidenes Häuschen im holländischen Stil, von wo aus er den brutalen Vergnügungen der Parforce-Jägerei nachging und hinterher, so jedenfalls weiß es die Legende, höchstselbst hinter dem Kochherd stand, um für sich und seine Kumpane das Essen zu bereiten. Seine Vorzugsspeise war die Erbsensuppe.

Durch seine Aversion gegen allen Protz und Prunk gelang ihm die Sanierung der durch den schiefen Fritz gründlich ruinierten Staatsfinanzen, und neben seinen Grenadieren unterhielt er ein Heer von Zöllnern und Steuereintreibern. Den Kronprinzen unterwarf er allerlei scheußlichen Torturen, um aus einem weibischen Schöngeist mit Hang zum Luxus einen preußischen General zu machen, was ihm in der Tat auch gelang. Es erfolgte um den Preis schwerer seelischer Deformationen.

Friedrich II. übernahm von seinem Vater dann nicht bloß das Heer, das er umgehend in den ersten seiner mörderischen Kriege führte, sondern außerdem die lebenslange Vorliebe für die Residenzstadt Potsdam.

Rechts:
Friedrich II. Stich

Friedrich II.: Skizze zu Sanssouci. Um 1745

Er ließ bauen. Das Potsdamer Stadtschloss wurde in seine letztgültige Form gebracht und der vorübergehend seinem Zweck entfremdete Lustgarten in Teilen reaktiviert. Der Alte Markt erhielt mit den Neubauten von Rathaus, Predigerhaus und Barberini-Palais, das eigentlich die architektonische Vereinigung zweier Bürgerhäuser war, seine nachmalige Fasson: die einer Place oder Piazza aus lateinischem Herkommen, mithin die eines künstlich und künstlerisch gestalteten städtischen Freiraumes.

Am 14. April 1745 wurde der Grundstein zu Sanssouci gelegt, Friedrichs persönlichster architektonischer Schöpfung. Das Schlösschen gilt vielen als Juwel alles Potsdamer Bauens, und mit seinem Park würde es zugleich Potsdams künftige Karriere als Gartenstadt eröffnen.

Sanssouci ist ein vergleichsweise einfaches Gemäuer, gerade neun Räume, alle von eher bescheidener Abmessung und ohne Keller: Der König wollte direkt aus dem Haus ins Freie treten können. Die erstrebte Nähe zu Natur und Landschaft, die sich darin mitteilt, lag völlig in der Stimmung der Zeit. Dabei wurde beides, Natur wie Landschaft, zunächst immer bloß als Gegenstand einer alles normierenden Künstlichkeit begriffen. Das Schlüsselwort hierfür lautet: Arkadien.

Eine reale Provinz dieses Namens gab und gibt es in Griechenland, im inneren Peleponnes, als ein verkarstetes Gebiet mit einem bis zur Höhe von zweitausend Meter sich erhebenden Gebirge. Der Name geht auf den vorhellenischen Volksstamm der Arcader zurück. Der vorherrschende Charakter einer Weidelandschaft verhalf der Region zu einer literarischen Laufbahn, Arkadien wurde

Georg Balthasar Probst:
Allee der Fruchtbäume im Lustgarten Sanssouci.
Kupferstich. 18. Jahrhundert

Rechts:
Anna Dorothea Therbusch:
Wilhelmine Encke.
Gemälde. 1776

zur Kulisse für ländliches Idyll und bukolisches Leben. Mitsamt ihrer Antikerezeption holte die Renaissance auch Arkadien wieder hervor.

In den ebenso komplizierten wie starren gesellschaftlich-ästhetischen Regularien des Barock wird der Schäfer zum ersehnten Gegenentwurf: eines in ländlicher Einfachheit und Freiheit gelebten Daseins. Der Gegenentwurf leidet ein wenig unter den Einfärbungen dessen, wovon er sich abstoßen möchte. Der barocke Schäfer ist eine Kunstfigur, und die Landschaft, in der er auftritt, eine manieristische Behauptung.

Landschaft ist sie immerhin, und zum Zierrat höfischen Lebens im Absolutismus gehören nun auch Baum, See, Fels, Quelle und Wiese. Freilich sind sie alle aussortiert und behandelt: der Baum mit der Gärtnerschere und der Fels als Arrangement, der See ist ein Bassin, der Quell eine Fontäne, und die Wiese fassen steinerne Begrenzungen ein. Gleichwohl ist es Natur. Sie wird jetzt nicht mehr bearbeitet zum Zweck wirtschaftlichen Ertrages. Der Nutzgarten ist zum Lustgarten geworden. Er dient der *plaisance*.

Friedrichs Park von Sanssouci zeigt die Promenaden, Spaliere und Lauben zeitüblicher französischer Gärten. Seine Besonderheit ist der zu einem Weinberg terrassierte Sandhügel inmitten einer Region, die keine Trauben gedeihen lässt. Der König wollte seinem Brandenburg etwas Südlichkeit abzwingen. Sein Nachfolger, der zweite Friedrich Wilhelm, interessierte sich für Potsdam eher nebenher. Immerhin ließ er das Marmorpalais am Neuen Garten erbauen, und er brachte seine Lieblingskonkubine Wilhelmine Encke auf der Pfaueninsel unter.

Friedrich Wilhelm III., der Sohn und Nachfolger, war ein dürrer, glück- und humorloser Militarist, dem ein gnädiges Schicksal außer seiner liebenswürdigen Gemahlin, der Königin Luise, noch ein paar tüchtige Berater und Mitarbeiter beschert hatte. Ihre Leistung begriff er nicht. Ihrem Charakter misstraute er, dass er sie bald samt und sonders vergraulte. Nach Potsdam reiste er, wie sein Vater, nur gelegentlich, aus Anlass der Frühjahrsmanöver.

Die künstlerischen Genies im Potsdam des 19. Jahrhunderts tragen die Namen Carl Friedrich Schinkel und

Peter Joseph Lenné. Die arkadische Landschaft an den Havelseen ist beider Werk, und erst ihnen gelang es, den Geist der Romania ganz unverkrampft nach Preußen zu holen.

Die beiden preußischen Klassizisten haben beängstigend viel geleistet, vorab Schinkel, und nicht alles, was der Baumeister trieb, war von feinstem Geschmack. Manche seiner Anleihen bei Backsteingotik und Tudor müssen eher als Irrtümer gelten, wiewohl solche auf höchstem Niveau. Sofern sich Schinkel Italien zuwandte, war er ungleich besser, und Schloss Charlottenhof nebst den Römischen Bädern in Potsdam ist gewiss eine seiner schönsten Arbeiten.

Er versah sie im Auftrage des Kronprinzen und nachmaligen Königs Friedrich Wilhelm IV., der sich die Italienschwärmerei als eine von mehreren ästhetischen Leidenschaften leistete. Unter seiner Verantwortung geschah es, dass in Potsdam statt nur einzelner Objekte, seien es Schlösser oder Gärten, eine gesamte Region ästhetisch gestaltet wurde.

L. Humbert: Die Pfaueninsel. Zeichnung. 1798

Karl Joseph Begas: Peter Joseph Lenné. Gemälde. Um 1850

Das in diesem Zusammenhang verwendete Wort Kunstlandschaft ist von schönem Doppelsinn. Es kann bedeuten: Landschaft für die Kunst, es kann bedeuten: künstlich oder künstlerisch hergerichtete Landschaft. Für Potsdam trifft beides zu, und die Schlüsselfigur für das, was hier die zweite Bedeutung ausmacht, wurde Peter Joseph Lenné.

Seine Landschaftsgärten sind wohlinszeniert. Baumgruppen, Hügel, Wiesen und Wasserflächen spielen ihre genau kalkulierten Rollen. Die Komposition folgt dem Aufbau eines guten *plein-air*-Gemäldes aus niederländischer oder klassizistisch-romantischer Tradition oder auch einem geschickt verfertigten Bühnenbild, mit Vorder-, Mittel- und Hintergrund als Rahmen einer Szene, die, wie auf dem Theater, ein Mensch betreten soll, der hier der Besucher und Betrachter ist. Um seinetwillen wird maßgeblich, was Lenné selber die »Gesichtslinien« nennt und was wir heute als die Sichtachsen seiner Landschaftsgärten kennen und rühmen.

Das märkische Arkadien des königlichen Bruders erregte bald die Begehrlichkeit des Prinzen Wilhelm und seiner Frau derart, dass im unmittelbar benachbarten Babelsberg von den beiden preußischen Künstlern eine eigene fürstliche *maison de plaisance* samt Parkgarten hergerichtet werden musste. Die Sache misslang freilich, da des Prinzen Wilhelm grämliche Frau Augusta immer wieder unsachverständig hineinredete.

Das Schloss wurde ein eher komisches Gebilde, Windsor bei Nowawes, und Schinkel genierte es dann auch sehr. Lenné aber musste die endgültige Gartengestaltung seinem ewigen Rivalen Hermann von Pückler-Muskau überlassen.

Schinkel hat auf dem Pfingstberg den Belvedere gebaut, und im Park von Sanssouci entstand die Neue Orangerie. Die Friedenskirche in Potsdam und die Heilandskirche in Sacrow wurden auf königlichen Wunsch errichtet, beide nach italienischen Renaissancevorbildern, und am Ende, als sie alle schon tot waren, Friedrich Wilhelm wie Schinkel, Lenné und Pückler, nahmen die Potsdamer Parkanlagen ungefähr so viel Platz ein wie das Weichbild der Stadt oder wie die von beiden eingeschlossenen Havelseen.

Der letzte Schlossbau in Potsdam hieß Cecilienhof. Die Anlage entstand im Neuen Garten und am Rande des Jungfernsees, und sie zitierte, nicht einmal ungeschickt, den Stil englischer Landsitze. Sie ist recht maßvoll in den Proportionen, freilich entschieden zu düster im Inneren. Der Architekt, Paul Schultze-Naumburg, war ein Zeitgenosse des Werkbundbaumeisters Hermann Muthesius, für den die britische Landhausarchitektur eine wichtige Quelle der Anregungen bedeutete, und etwas von diesem Geist, sehr wenig, ging auch in Schloss Cecilienhof ein. Das Skandalon, das es werden sollte, war nicht von der ästhetischen, sondern von der politischen Art.

Als der deutsche Kronprinz 1912 den Bau plante, mit einem Kostenanschlag von 1,5 Millionen Goldmark, fragten selbst konservative preußische Blätter, ob denn die Hohenzollern in Potsdam neben ihren bereits dreizehn Schlössern und Villen so unbedingt einen vierzehnten Feudalsitz benötigten. Den Bauherrn verdross es nicht. Das Ding wurde in Auftrag gegeben und gebaut, in den Jahren

Rechts:
Anonym: Russische Sänger in Preußischer Armee. Lithografie. Um 1830

1914 bis 1917, also mitten in dem von den Hohenzollern mit verantworteten großen Krieg, und der ließ deutsche Soldaten unter anderem verbluten im Kampf gegen jenes perfide Albion, dessen architektonisches Modell des *cottage* das neue Hohenzollernschloss sichtbar imitierte.

Bauherr Wilhelm wohnte mit seiner Familie in Cecilienhof von 1917 bis 1918 und schließlich wieder, nach Abdankung des kaiserlichen Vaters, ab dem Jahre 1923. So hatte er es nicht weit bis zur Garnisonkirche, als er dem Führer und Reichskanzler Adolf Hitler in Husarenuniform seine peinliche Huldigung erwies, am 21. März 1933, dem Tag von Potsdam.

Schischkoff und Grigorieff

Eine erste historische Begegnung zwischen Potsdam und Russland erfolgte 1761/62. Einer der Gegner König Friedrichs bei seinem dritten Schlesischen Krieg war die Zarin Elisabeth, deren Kosaken in jenem Winter Berlin und das Umland besetzten. Ihr Benehmen war nicht fein. Es herrschten Kälte, Hunger und Grausamkeit. Da starb plötzlich die Zarin, und ihr Nachfolger, ein Bewunderer Friedrichs, schloss überraschend Frieden mit den Preußen. Dies hieß man fortan das Wunder des Hauses Brandenburg. Friedrich hatte seine fast schon sichere Niederlage im dritten Schlesischen Krieg verhindert.

Der Widerstand des von Napoleon heimgesuchten Europa begann mit einer heimlichen Vereinbarung, die der Preußengeneral Yorck von Wartenburg mit der Armee des

Alexandrowka Potsdam: Namensschilder; Gedenkstein; Wohnhaus (rechts)

Zaren schloss. In der Folge kam es zu einer am Ende erfolgreichen Koalition zwischen Preußen, Österreich und Russland, die in den bekannten Schlachten bei Leipzig und Waterloo gewann. Aus der Armee des Zaren Alexander, die zu diesem Anlass mehrmals Preußen durchqueren musste, blieben zwölf sangesbegabte russische Soldaten zurück. Eigentlich hatten sie schon zum Tross des Generals Yorck gehört. Mit ihren an orthodoxen Chorälen orientierten Liedern bezauberten sie die Potsdamer derart, dass König Friedrich Wilhelm III. Anweisung gab, ihnen eine ständige Bleibe zu schaffen. So entstand am Rande der Jägervorstadt Alexandrowka.

Hierbei handelte es sich um hölzerne Gehöfte im russischen Stil. Ihre Anordnung erfolgte auf einem Grundriss in der Form des Andreaskreuzes. Die Landschaftsgestaltung übernahm, wie üblich, Peter Joseph Lenné. Die zugehörige Kapelle heißt nach Alexander Newski und wurde gemeinsam von einem russischen Architekten, Wassilij Stassow, und, natürlich, Karl Friedrich Schinkel entworfen.

Es leben heute immer noch einige Nachfahren der einstigen Sänger in der Kolonie. Ihre Familiennamen lauten Schischkoff und Grigorieff.

Fast das gesamte 19. Jahrhundert hindurch blieben die Beziehungen zwischen Preußen und Russland einigermaßen entspannt. Es hatte dies mit der räuberischen Einigung beider Staaten bei den polnischen Teilungen zu tun und mit der russenfreundlichen Außenpolitik des Kanzlers Otto von Bismarck. Vielleicht wirkte in Preußen noch eine untergründige Slawophilie mit, zu danken dem Umstand, dass man auf altem Wendengebiet siedelte und über eine westslawische Minorität im eigenen Stammterritorium gebot, die Sorben.

Von offener Feindschaft zwischen Preußen-Deutschland und den Russen erfasst wurde dann das 20. Jahrhundert. 1945 eroberten Stalins Soldaten die Stadt Potsdam, verschonten dabei Schloss und Park Sanssouci und nahmen stattdessen von den Potsdamer Kasernen Besitz.

Sie blieben darin bis zum Anfang der Neunziger. Mit Militaria und Billigzigaretten bevölkerten ihre Soldaten noch für eine Weile die örtlichen Flohmärkte, ehe sie endgültig das Land verließen. Die von ihnen geräumten Kasernen hatten sie völlig heruntergewohnt, ein Bild des abrissreifen Jammers. Das russische Monopol in Potsdam besaß fortan wieder die Siedlung Alexandrowka.

Militaria

Preußen war ein militärisch durchdachter und aufs Soldatische ausgerichteter Staat. Er wurde dies viel mehr und wesentlich konsequenter als irgendein anderes Gemeinwesen der Moderne. Das dafür in Umlauf gekommene Wort Militarismus bedeutet hier keine Schmähung, sondern die blanke Tatsachenbeschreibung.

Alles begann damit, dass sich der Große Kurfürst Friedrich Wilhelm entschloss, nach dem Ende des Dreißigjährigen Krieges seine Armee nicht aufzulösen, sondern zu belassen. Als Regent im Zeitalter des Absolutismus hing er fortan der Idee eines stehenden Heeres an, was bedeutete: Die alten Söldnerarmeen wurden obsolet, da-

für geriet der *miles perpetuus* zu einem wichtigen Machtausweis für die absolute Monarchie.

Der Kurfürst hielt 1640, bei seinem Amtsantritt, 4000 Mann unter Waffen. Bei seinem Tod im Jahre 1688 zählte die Armee 30 000 Soldaten. Es handelte sich hierbei um die Friedensstärke, denn zehn Jahre zuvor, in etwas bewegteren Zeitläuften, hatte es auch schon einmal 45 000 kurbrandenburgische Soldaten gegeben. Dies alles geschah aber bei einer Gesamtbevölkerung von 1,5 Millionen Einwohnern und in einem armen, durch ständige Kriege vielfach gebeutelten Land. Zur Zeit Friedrich Wilhelms verschlangen die Militärausgaben in Brandenburg etwa zwei Drittel aller gesamtstaatlichen Einnahmen.

Unter König Friedrich I., seinem Sohn, verstärkte sich die Rekrutenaushebung im Land. Die Presskommandos

Daniel Chodowiecki: König Friedrichs II. Wachtparade in Potsdam. Radierung. 1777

Rechts:
Richard Knötel: Brandenburgische Infanteristen um 1698. Lithografie. Um 1900

bedienten sich höchst drastischer Mittel, Folgen waren eine wachsende Flucht der Einwohner über die Grenzen und ein erheblicher Rückgang der bäuerlichen Produktion. Als Friedrich I. starb und sein Sohn zum König aufrückte, standen 40 000 Mann unter Waffen, bei 1,65 Millionen preußischen Einwohnern.

Die Offiziere der Armee wurden durch Angehörige des preußischen Landadels gestellt. Unter Friedrich II. war es den Aristokraten förmlich untersagt, das Land zu verlassen, und über die Kadettenanstalten geschah ein regelmäßiger Transfer von Adelssöhnen zum Heereswesen. Es führte dazu, dass am Ende die preußische Aristokratie mit dem preußischen Offizierskorps fast völlig verschmolz und das ländlich-zivile und das militärische Leben einander wechselseitig gänzlich durchdrangen.

Die Stadt Potsdam als Residenz lieferte für den brandenburgisch-preußischen Militarismus den Mittelpunkt und das urbanistische Symbol. Die Garnison entstand, mitsamt dem zugehörigen Gotteshaus. Die jährlichen Militärrevuen bildeten einen gesellschaftlichen Höhepunkt des Potsdamer Lebens.

Chef der Stadtverwaltung war ein ehemaliger Regimentsquartiermeister. Offiziere blickten den städtischen Beamten kontrollierend über die Schulter. Jedes Potsdamer Bürgerhaus musste seine Giebelstube freihalten für soldatische Schlafstellen. Allein 3500 Grenadiere waren ständig in der Stadt quartiert, und jeder dritte der mittlerweile 12 000 Einwohner gehörte dem Militär an. Die Potsdamer Gewehrfabrik galt für eine Weile als größter Rüstungsbetrieb in Preußen.

Kur-Brandenburg.

Daniel Chodowiecki:
König Friedrich II. schenkt einem braven Korporal seine Uhr. Radierung. 1793

Rechts:
Wilhelm Krüger:
August Wilhelm Antonius Neidhardt von Gneisenau.

König Friedrich II. nutzte dies alles, um in drei Kriegen Österreich die Provinz Schlesien abzujagen und Preußen als europäische Großmacht zu etablieren. Sein außerordentliches militärisches Glück schien das preußische Heeressystem in seinen Grundsätzen und Einzelheiten für alle Zukunft zu empfehlen. Friedrich starb 1786. Mit ihrer fürchterlichen Niederlage gegen Napoleon bei Jena und Auerstedt bloß zwanzig Jahre später verloren Preußens Armeen zugleich ihren friderizianischen Mythos. Die preußischen Reformer, im Bereich des Heereswesens waren dies Carl von Clausewitz, August von Gneisenau und das Kleine-Leute-Kind Gerhard Scharnhorst, nötigten ihrem widerwilligen König Friedrich Wilhelm III. Veränderungen ab mit dem Ziel, die revolutionäre Militärdoktrin der französischen Bürgerrevolution auf die Grundsätze des konservativen preußischen Ständestaates abzustimmen, wie auch umgekehrt.

In der preußischen Militärhochburg Potsdam änderte sich nicht besonders viel. Zwar wurden die Rüstungsindustrien ausgelagert, um hinfort anderswo zu wuchern, aber weiterhin beherrschten der Turm der Garnisonkirche und der Monopteros des Militärwaisenhauses das Bild der Stadt, im Äußeren wie im Wesen. Preußen war und blieb der Staat, den sich die Armee hielt. Man sah darin nichts Übles. Es handelte sich dabei vielmehr um eine patriotische Selbstverständlichkeit.

Zum Straßenbild Potsdams gehörte der Leutnant, wie ihn die satirischen Blätter des späten Kaiserreiches in zahllosen Zeichnungen auftreten ließen, mit Schnurrbart, ausrasiertem Nacken und Monokel, mit blauer Uniform und abgehackter Sprechweise. Was inzwischen wie eine übertreibende Karikatur wirken mag, war in Wahrheit der reine Naturalismus.

Das Ende alles preußisch-deutschen Militarismus wurde die entschiedene Absicht der alliierten Siegermächte von 1945, und sinnvollerweise einigten sie sich darauf am Geburtsort dieses Ungemachs, also in Potsdam. Ein militärfreier Raum wurde die Stadt dadurch gleichwohl nicht. Die Sowjets stationierten hier reichlich von ihrer Roten Armee, und die anderen Siegermächte unterhielten in Potsdam bis 1989 Militärmissionen. Die DDR, als sie sich endlich wiederbewaffnet hatte, richtete in Potsdam ein zentrales Militärmuseum ein.

Das Echo des preußischen Exerzierschritts war und ist diesen Mauern nicht mehr auszutreiben, und als nach 1990 die deutsche Wiedervereinigung kam und auf keinem Gebiet so problemlos vollzogen werden konnte wie ausgerechnet auf jenem des Militärwesens, etablierte sich in Potsdam bald ein aus Ost und West gemeinsam beschickter Standort des Territorialkommandos Ost der Bundeswehr.

Bewegte Bilder

Guido Seeber, ein Kameramann, zugleich technischer Leiter der zu Berlin betriebenen Deutschen Bioscop-Gesellschaft, erwarb 1911 nahe dem am Griebnitzsee gelegenen Bahnhof Nowawes ein größeres Fabrikgelände. Hinfort sollten hier Spielfilme produziert werden. Alsbald begann man mit dem Bau einer Atelierhalle, 300 Quadratmeter groß und fertiggestellt im Februar 1912. Gleich wurde in ihr ein erster Film gedreht, »Der Totentanz«, mit Asta Nielsen.

1917, es war das dritte Jahr des von Deutschland und Österreich-Ungarn begonnenen Ersten Weltkriegs, brachte der Berliner Pressezar Alfred Hugenberg mehrere bis dahin selbständige Filmgesellschaften unter ein gemeinsames Firmendach und nannte das Ufa. Hugenberg beabsichtigte, mit Hilfe dieses mächtigen Unternehmens die vaterländischen Gefühle seiner Heimat filmkünstlerisch zu stimulieren. Wie sich erweisen sollte, blieb ihm dazu nicht mehr viel Zeit und Gelegenheit.

Ufa stand als Kürzel für Universum Film AG. Außer einer Herstellungsstätte gehörten der Firma Kinotheater, ein Filmverleih und die Urheberrechte an einer ständig wachsenden Anzahl von Produkten. Ihr Ateliergelände in der östlich von Potsdam gelegenen und damals noch selbständigen Gemeinde Babelsberg galt lange Zeit als das größte in Europa.

Ihre Gründung aus deutschnationalem Geiste machte die Ufa, solange sie existierte, für patriotische Gesinnung und manipulative Absichten anfällig. Wenigstens in der Zeit der Republik von Weimar verfocht sie dies betreffend kein Monopol. Ein Gutteil der von ihr beschäftigten Künstler stammte aus jüdischen Elternhäusern und neigte lieber dem liberalen Denken zu. Derart konnte geschehen, dass unter dem Signet der Ufa, einem Rhombus, sowohl antiautoritäre Filme entstanden, wie »Der Blaue Engel«, als auch preußisch-vaterländische Brocken, wie »Das

Asta Nielsen. Fotografie

Logo der Universum Film AG

Rechts: Filmplakat »Der blaue Engel«. 1930

Flötenkonzert von Sanssouci« oder »Der junge König«. In letztgenannten Arbeiten war der Held aus dem nahe gelegenen Potsdam bezogen und hieß Fridericus Rex.

Einige der Darsteller traten später eine Weltkarriere an. Verschiedene von ihnen nahmen ihre privaten Wohnsitze dem Produktionsgelände unmittelbar benachbart, in Kleinmachnow, im Berliner Stadtteil Zehlendorf oder in dem erst 1939 von Potsdam eingemeindeten Babelsberg selbst. Dort gab es, der Ortsteil hieß Neubabelsberg, bereits eine gewisse Tradition des luxuriösen Wohnens, schon seit der Jahrhundertwende, und außer Filmschaffenden lebten hier immer auch Industrielle und Politiker. 1934 wurde in einer der Neubabelsberger Villen von der Staatspolizei ein unliebsamer Mensch verhaftet. Er stammte aus Köln, hatte früher der Zentrumspartei angehört und trug den Namen Konrad Adenauer.

Da befanden sich bereits viele der eben noch hochgeschätzten Ufa-Regisseure, -Darsteller und -Autoren auf dem Weg in die Emigration.

Sie waren Juden, wie Peter Lorre, Elisabeth Bergner und Erich Pommer, oder sie mochten die Nazis einfach nicht, wie Marlene Dietrich und Conrad Veidt. Die Ufa besann sich noch stärker als bisher ihrer deutschnationalen Herkünfte und drehte viele schneidige Propagandafilme für Krieg, Blut, Boden und gegen die nichtarischen Untermenschen.

Daneben bot sie Nischen für eher unliebsame Künstler wie Axel Eggebrecht und Erich Kästner. Letzterer durfte sogar, wiewohl pseudonym, das Drehbuch für den Film »Münchhausen« verfassen, mit dem man das fünfundzwanzigjährige Bestehen der Firma aufwendig und farbenprächtig beging, mitten im Krieg.

Unmittelbar nach Kriegsende nahmen in den Villen Neubabelsbergs vorübergehend die zur Potsdamer Konferenz geeilten Alliierten Quartier. Das Filmgelände war schon bald an eine sowjetisch lizenzierte Neugründung mit dem sonderbar assonanten Namen Defa vergeben. Sie wurde später ein volkseigener Betrieb, und dem Geist des Geländes und seiner einstigen Benutzer blieb sie insofern treu, als sie immer wieder politische Propaganda produzierte, wiewohl nicht ausschließlich. Manchmal konnte bei ihr auch eine sanft widerständische Kunst entstehen. Gelegentlich wurde diese dann verboten.

Nach dem tristen Ende des Staates DDR war das Filmgelände der Defa in Babelsberg zunächst als Immobilie begehrt. Der Produktionsbetrieb kam vorübergehend zum Erliegen, wurde bald aber wieder reanimiert. Inzwischen nennt sich Babelsberg Medienstadt. Auf sechsundvierzig

Logo der Deutschen Film AG

Szenefotografie »Spur der Steine«. DEFA-Spielfilm. 1966

Rechts:
Filmmuseum Potsdam im Gebäude des Marstalls

Hektar Fläche arbeiten hundert kleine Unternehmen, die mehr als anderthalbtausend Menschen beschäftigen. Produziert werden Spiel- und Trickfilme, gelegentlich gibt es US-amerikanische Großproduktionen, das Fernsehen dreht seine Fließbandware, Führungen für zahlendes Publikum finden statt, auch den alten Firmennamen Ufa gibt es wieder, außerdem befindet sich auf dem Gelände der öffentlich-rechtliche Sender rbb. Der filmografischen Vergangenheit und Gegenwart ist ein Museum gewidmet, untergebracht im Gebäude des Potsdamer Marstalls.

»Die Filme eines Volkes spiegeln seine Denkungsart unmittelbarer wider als andere Ausdrucksmittel«, hat der Soziologe Siegfried Kracauer gesagt. Der Satz gilt, mit ein paar Abstrichen, gleichermaßen für die Anlagen zu deren Herstellung.

Ausblicke

Potsdam und Berlin liegen unmittelbar nebeneinander. Lange Zeit war für die meisten Berliner Potsdam bloß die natürliche Verlängerung der eigenen riesigen Stadt, ein freundlicher Ort für Wochenendausflüge. Dabei ist Potsdam erheblich älter als Berlin, doch die Daten von Gründungsurkunden teilen sich dem Stadtbild nur selten mit. Wichtiger für Potsdam blieb deswegen, dass es, verglichen mit Berlin, die schönere Stadt war und bis heute geblieben ist.

Früher galt das noch entschiedener als heute. Die durch den letzten Krieg massenhaft verursachten Wunden sind nicht sämtlich verheilt. Die Baupolitik der untergegangenen DDR wie nicht anders die des wiedervereinigten Deutschland haben große Teile der Innenstadt verschandelt. Wer heute auf dem Potsdamer Hauptbahnhof anlangt, einer befremdlichen Mixtur aus Schienengelände und Shopping Mall in Backsteinbraun, und danach hinaustritt auf eine vereinzelt mit DDR-Platten bestückte Stadtbrache, wird von der vielfach gerühmten Anmut Potsdams erst einmal nichts finden.

Immerhin: Der Alte Markt kehrt allmählich, gleichsam stückweise, in seine alte Form zurück. Das Marmorpalais, zuvor das DDR-Militärmuseum, ist wieder ein authentisches Beispiel für preußischen Frühklassizismus, und auch am ungemütlichsten der Potsdamer Schlossbauten, dem Neuen Palais, wird fleißig weiter gewerkelt.

Man kann nach Bornstedt fahren, den Friedhof besuchen und das ehemals königliche Gutsgelände. In Potsdam selbst gibt es sommerliche Festspiele und ein neues Stadttheater, eine frühere Großwäscherei wurde zu einem Veranstaltungszentrum. Die neu gegründete Universität und mehrere Hochschulen versorgen die Stadt mit studentischem Publikum.

Potsdam ist eine der wohlhabenden Kommunen Ostdeutschlands und die Arbeitslosigkeit hier geringer als im benachbarten Berlin. Man ist stolz, eine kinderfreundliche Stadt zu sein und ein geschätzter Ort der Wissenschaften. So unvernünftig die 1995 gescheiterte Fusion der beiden Länder in ökonomischer und administrativer Hinsicht gewesen sein mag, die Autonomie und das Selbstwertgefühl der Stadt Potsdam hat sie jedenfalls gestärkt.

Rechts:
Nikolaikirche

Altes Rathaus

Rechts:
Blick auf das Holländische
Viertel mit Nauener Tor

WilhelmGalerie
WilhelmGalerie

Holländisches Viertel

Dachabschnitt mit Voluten

Alexander-Newski-Kapelle

Russischer Grabstein auf dem Friedhof der Alexander-Newski-Kapelle

ВУКОЛОВЪ
Берлинѣ

Brandenburger Tor

Rechts:
Obeliskportal nach Sanssouci

Friedenskirche

Rechts:
Standbild König Friedrichs II.

Park Sanssouci.
Friderizianischer Garten

Rechts:
Schloss Sanssouci

Giebel vom Schloss Sanssouci

SANS, SOUCI.

Gitterpavillon am Schloss

Rechts:
Kolonnaden an Schloss Sanssouci

Dekor am Gitterpavillon

Neue Kammern

Giebel der Neuen Kammern

Rechts: Orangerie mit Reiterstandbild Friedrichs II.

Standbild eines Bogenschützen

Park Sanssouci.
Chinesisches Haus

Standbilder am Chinesischen Haus

Rechts: Schloss Charlottenhof

Goethe-Bildnis im Dichterhain

Neues Palais

Park Sanssouci.
Diana-Standbild

Rechts: Römische Bäder

Schwanenküken auf dem
Maschinenteich

Belvedere auf dem Pfingstberg

Pomonatempel auf dem Pfingstberg

Rechts: Park Sanssouci

Tempel der Freundschaft

Marmorpalais im Neuen Garten

Tambour auf dem Marmorpalais

Rechts: Schloss Cecilienhof

Sowjetisches Grafitto

Park Babelsberg

Flatowturm im Park Babelsberg

Rechts: Park Babelsberg. Gerichtslaube

Schloss Babelsberg

Tierplastik im Park Babelsberg

Rechts: Schloss auf der Pfaueninsel

Meierei auf der Pfaueninsel

Der Autor
Rolf Schneider, geboren 1932 in Chemnitz, ist seit 1958 freier Schriftsteller. 1976 war er Mitinitiator der Initiative gegen die Ausbürgerung Wolf Biermanns aus der DDR. Später arbeitete er als Dramaturg und Regisseur an verschiedenen westdeutschen Theatern und verfasste zahlreiche Romane, Bühnenstücke, Essays und Sachbücher, die in über 20 Sprachen übersetzt wurden. Er wurde mit mehreren Literaturpreisen ausgezeichnet.

Die Fotografin
Therese Schneider, geboren 1963 in Berlin, machte nach dem Abitur eine Ausbildung als Buchbinderin. Später studierte sie an der Burg Giebichenstein Hochschule für Kunst und Design Halle/Saale und an der Kunsthochschule Berlin-Weißensee. Therese Schneider lebt und arbeitet als selbstständige Grafikerin in Berlin.